VOM SINGLE ZUR BEZIEHUNG

103 Fragen, die dir helfen, die Gründe deines Single-Seins zu erkennen, zu überwinden und deinen Wunschpartner zu finden

Wieland Stolzenburg

Hinweise: Die in diesem Buch enthaltenen Informationen ersetzen nicht die Untersuchung und Beratung durch einen Arzt oder Therapeuten. Ebenso sind sie keine therapeutischen Anweisungen; sie dienen lediglich der Vermittlung von Kenntnissen. Aus Gründen der besseren Lesbarkeit wird auf die gleichzeitige Verwendung männlicher und weiblicher Sprachformen verzichtet. Sämtliche Personenbezeichnungen gelten für alle Geschlechter.

Bibliografische Information der Deutschen Nationalbibliothek (DNB): Die DNB verzeichnet diese Publikation in der Deutschen Nationalbibliografie; detaillierte bibliografische Daten sind im Internet über dnb.dnb.de abrufbar.

www.wielandstolzenburg.de

Lektorat: Susanne Hülsenbeck, www.lichtblicktext.de
Coverdesign: Emily Pruden, Wieland Stolzenburg
Foto »Herz«: www.pixabay.com/mcmurryjulie

Druck und Bindung: KDP Print
Independently published

ISBN: 9798691783142

Inhaltsverzeichnis

Über mich

Mein Name ist Wieland Stolzenburg – und da ich immer wieder gefragt werde: Wieland ist mein Vorname. Ich bin Beziehungspsychologe und begleite Menschen dabei, erfüllende Beziehungen zu führen: mit sich selbst, ihren Partnern und allen anderen Menschen in ihrem Leben. Diese Aufgabe erfülle ich als nicht nur als Berater und Therapeut, sondern auch als Autor, Redner oder als Interviewpartner für verschiedene Medien.

Schwerpunkte meiner Arbeit sind Themen und Fragestellungen rund um Beziehungen, Partnerschaften und Persönlichkeitsentwicklung. Mein Antrieb für meine Arbeit liegt darin, Menschen zu unterstützen, ihr Potenzial zu entfalten und ein glückliches Leben zu führen.

Ich habe Betriebswirtschaftslehre (Hochschule Pforzheim) und Psychologie (LMU München) studiert und verschiedene therapeutische Ausbildungen absolviert.

Einige weitere Bücher habe ich bereits veröffentlicht, unter anderem die Beziehungsratgeber »Beziehungsleben« und »Beziehungsglücklich«. Wenn dich meine Bücher interessieren, findest du am Ende des Buches eine Auflistung.

Weitere Informationen über mich, meinen Werdegang und meine Tätigkeit gibt es auf meiner Website: www.wielandstolzenburg.de

Einleitung & Anleitung

Schön, dass du dieses kleine Fragebuch in den Händen hältst. Du wünschst dir eine Partnerschaft oder möchtest verstehen, warum es nicht so richtig klappen will mit der Liebe? Genau auf diesem Weg möchte ich dich mit den Fragen in diesem Buch für Singles unterstützen. Sie helfen dir, dich und dein Verhalten besser kennenzulernen, unterstützen dich dabei, mögliche Gründe deines Single-Daseins zu erkennen, und sie geben dir viele Impulse und neue Perspektiven. An der ein oder anderen Stelle werden sie dich auch herausfordern.

In meiner Arbeit habe ich bisher viele Singles begleitet, die mit diesen Fragen zu mir gekommen sind: Warum bin ich (schon so lange) Single, warum ziehe ich immer den gleichen Typ Mensch an und was kann ich tun, um das zu verändern? Gerade in der heutigen schnelllebigen Zeit, in der vermeintlich alles möglich ist und wir das Beste aus unserem Leben machen wollen, verlieren wir manchmal den Blick für das Wesentliche, geben schnell auf oder lassen uns nicht auf einen anderen Menschen ein, weil wir noch auf etwas Passenderes warten. Diese gesellschaftlichen Veränderungen erleichtern und erschweren zugleich den Weg, einen Partner kennenzulernen und mit diesem verbindlich und langfristig zusammenzubleiben.

Welche Bilder entstehen in dir, wenn du an eine glückliche Beziehung denkst? Wahrscheinlich ist es wie bei den meisten Menschen etwas, was uns Freude bereitet und Nähe, Verbundenheit und Zufriedenheit verspricht. Das ist gut möglich und das Schöne und Tragende einer Liebesbeziehung. Doch neben dieser Seite bedeutet eine erfüllende Partnerschaft auch immer wieder Arbeit. Gemeinsame Arbeit mit dem Partner sowie die Arbeit an sich und seinen eigenen Verletzungen des gesamten bisherigen Lebens. Denn genau diese zeigen sich in Beziehungen und erschweren diese! Jeder Partner berührt ganz automatisch die wunden Punkte des anderen – ohne dafür verantwortlich zu sein. Dafür können wir unseren Partner verantwortlich machen und die Beziehung beenden. Aber wir könnte ihm auch dankbar dafür sein, dass er uns auf etwas hinweist: auf die Aspekte unseres Lebens, in welchen wir noch wachsen dürfen.

Genau diese unbewussten oder unverarbeiteten Aspekte spielen häufig eine Rolle, wenn es mit der Liebe nicht so klappt, wie wir es uns wünschen. Unser Unterbewusstsein ist intelligent und möchte uns schützen: beispielsweise vor einer möglichen Ablehnung, wenn wir einen potenziellen Partner ansprechen möchten oder vor einem möglichen Verletzt- oder Verlassenwerden in einer Beziehung.

Wenn wir uns dieser Themen bewusst werden und daran wachsen, werden sie weniger Macht über uns haben – und plötzlich verändert sich vieles, obwohl wir uns »nur« im Innen verändert haben. Genau dafür habe ich die 103 Fragen erstellt, damit du dich mit allen wesentlichen Aspekten auseinandersetzen kannst, die dich deinem Ziel näherbringen.

Wie du die Fragen am besten durchgehst

Ich empfehle dir, die Fragen in der angegebenen Reihenfolge zu beantworten. Du kannst jedoch auch einfach durch das Buch blättern und schauen, wo du hängenbleibst. Am meisten wirst du von den Fragen profitieren, wenn du dir für jede Antwort einige Minuten Zeit nimmst und dir diese aufschreibst. Zum einen hilft das Niederschreiben dabei, wirklich konkret zu werden, und zum anderen kannst du Wochen oder Monate später nachschlagen, um zu sehen, was sich bereits verändert hat. Ich empfehle dir, dass du am Tag maximal 5 Fragen beantwortest, damit diese wirklich wirken können und nicht in der Masse untergehen!

Einige Fragen können Gefühle auslösen oder Erinnerungen hochholen. Das ist meist gut, denn es bedeutet, dass sich etwas verändert, du mehr Klarheit gewinnst oder bestimmte Aspekte in dein Bewusstsein holst. Dafür ist es hilfreich, wenn du ohne Zeitdruck bist und dich an einem Ort befindest, an welchem du dich wohl fühlst. Manche Fragen können dich herausfordern oder mögen auf den ersten Blick merkwürdig klingen. Das sind meist die Fragen, bei denen es sich lohnt, dranzubleiben, und bei deren Antworten du am meisten profitieren kannst.

Ich wünsche ich dir nun gute und hilfreiche Erkenntnisse beim Beantworten der Fragen!

Dein
Wieland Stolzenburg

1

Wer hält gerade dieses Buch in der Hand und was zeichnet diesen Menschen – also dich – aus? Und wie würden Freunde diesen Menschen beschreiben?

2

Wie glücklich bist du aktuell mit deinem eigenen Leben? Was erhoffst du, durch eine Beziehung zu gewinnen?

3

Wenn du jemand Neuen kennenlernst, wie schnell weißt du, dass mehr draus werden kann oder nicht? Verlässt du dich dabei auf deine Hormone, dein Bauchgefühl oder deinen Verstand – und wer ist der beste Ratgeber?

4

Was glaubst du, warum du Single bist? Ist es in deinen Augen Pech oder Schicksal oder gibt es einen anderen Grund dafür?

5

Gibt es etwas, was dir im Leben wichtiger ist, als eine Beziehung zu haben? Was ist das?

6

Welche Erwartungen stellst du an einen Partner? Schreibe die 10 wichtigsten auf. Ist es realistisch, dass du einen solchen Menschen findest?

7

Welche deiner Eigenschaften oder Verhaltensweisen sind für das Gelingen einer Beziehung weniger förderlich und wärst du bereit, sie aufzugeben oder zu verändern?

8

Bist du in deinem Leben bereits von einem Partner betrogen worden? Beeinflusst dich das heute noch und wenn ja, was müsstest du tun, um diesen Schmerz aufzulösen?

9

Von welcher deiner Stärken profitierst du als Single am meisten?

10

Von welcher deiner Stärken profitierst du in einer Partnerschaft am meisten?

»Single sein heißt nicht,
dass mich keiner will,
sondern, dass mich nicht
jeder bekommt.«

11

Glaubst du, du solltest aktiver werden oder mehr auf Menschen zugehen, um mögliche Partner kennenlernen zu können? Wie könnte dir das gelingen und was steht dem im Wege?

12

Was ist das Gute für dich
am Alleinsein?

13

Der erste Schritt der Veränderung ist es, den aktuellen Zustand zu akzeptieren. Glaubst du, dass etwas Wahres an dieser Aussage ist? Kannst du deinen Beziehungsstatus annehmen, genau so, wie er ist?

14

Was würdest du in deinem Leben anders machen, wenn du wüsstest, dass du dein gesamtes Leben Single bleiben würdest?

15

Was möchtest du von einem Partner alles bekommen und was bist du bereit, diesem zu geben? Schreibe dir diese Aspekte auf. Steht mehr auf der Geben- oder mehr auf der Wollen-Seite?

16

Für Frauen: Welche Eigenschaften haben deine Ex-Partner und dein Vater gemeinsam? Für Männer: Welche Eigenschaften haben deine Ex-Partnerinnen und deine Mutter gemeinsam? Nimm dir ausreichend Zeit zur Beantwortung dieser Frage.

17

Kannst du in einer Beziehung Grenzen setzen, Nein sagen und den anderen auch einmal enttäuschen?

18

Wenn du dir vorstellst, dass du mit deinem nächsten Partner bis ans Ende deines Lebens zusammen sein wirst, was wäre gut, vorher noch allein zu tun, zu erleben oder zu verändern?

19

Welches Verhalten eines Partners kannst du am schwersten aushalten?

20

Bist du in einer Beziehung bereit, neben den schönen Momenten auch herausfordernde zu erleben – auch wenn es möglicherweise ähnlich schwere wären wie in der vorherigen Beziehung? Oder bleibst du dann lieber Single?

»Selbstvertrauen ist die Quelle des Vertrauens zu anderen.«

FRANÇOIS DE LA ROCHEFOUCAULD

21

Als du ein Kind warst, was mochtest du an der Art, wie deine Eltern ihre Beziehung führten? Und was mochtest du am Umgang deiner Eltern miteinander überhaupt nicht?

22

Was magst du an dir selbst am meisten?

23

Welche Vorwürfe hast du noch an deine Ex-Partner? Wenn welche vorhanden sind, wie lange möchtest du diese noch mit dir herumtragen?

24

Bist du eher der bestimmende Partner oder der unterwürfige? Welche Auswirkung hat dein Verhalten auf potenzielle Partner?

25

Glaubst du, dass wir immer den Partner in unser Leben ziehen, den wir zu unserem eigenen persönlichen Wachstum brauchen? Um welches Wachstum geht es bei dir?

26

Welche Eigenschaft deiner Ex-Partner mochtest du am wenigsten? Kann es sein, dass du diese Eigenschaft oder genau das Gegenteil davon selbst hast? Nimm dir genügend Zeit, diese Frage ehrlich für dich zu beantworten.

27

Was würden deine besten Freunde von dir sagen, warum du Single bist? Frage sie auch gerne, wenn du möchtest.

28

Warst du in deinem Leben einmal wirklich alleine oder gab es immer jemand an deiner Seite, einen Partner oder Dates? Oder anders gefragt: Wie gut kannst du alleine sein?

29

Welches Fehlverhalten kannst du dir eingestehen, das du in vorherigen Beziehungen gemacht hast?
Und kannst du deinen Frieden damit finden, weil das damals eben das bestmögliche Verhalten von dir war?

30

Auf was kann sich dein zukünftiger Partner freuen, wenn er eine Beziehung mit dir hat?

»Der pessimistische Single:
Mein Bett ist halbleer.

Der optimistische Single:
Mein Bett ist halbvoll.

Der glückliche Single:
Mein Bett ist voll.«

31

Wie sehr hängt dein Lebensglück von einer Beziehung ab? Nutze dazu eine Skala von 1 (gar nicht abhängig) bis 10 (sehr abhängig). Ist das in deinen Augen eine gesunde Einstellung?

32

Wärst du bereit, bei einem Unfall oder einer psychischen Erkrankung des Partners eine Zeit lange für ihn da zu sein, ohne dass etwas zurückkommt?

33

Was könntest Du jetzt schon mit anderen Menschen unternehmen, anstatt dafür auf einen Partner zu warten, zum Beispiel eine Reise oder einen Tanzkurs?

34

Wie zufrieden bist du mit deinem eigenen Aussehen? Hat deine Zufriedenheit oder Unzufriedenheit einen Einfluss auf dein Single- oder Beziehungsleben?

35

Stolperst du eher in Beziehungen, weil der andere die Initiative übernimmt und es sich gut anfühlt, erobert zu werden? Oder überlässt du nichts dem Zufall und hältst die Zügel in der Hand? Ist dein Verhalten geeignet, um einen passenden Partner zu treffen?

36

Welche Verletzungen trägst du noch in dir, die mit deiner Mutter zu tun haben? Die Frage ist häufig nicht leicht zu beantworten, nimmt dir also ausreichend Zeit dafür, eine Antwort darauf zu finden.

37

Welche Verletzungen trägst du noch in dir, die mit deinem Vater zu tun haben? Die Frage ist häufig nicht leicht zu beantworten, nimmt dir also ausreichend Zeit dafür, eine Antwort darauf zu finden.

38

Wie gehst du mit deinen Gefühlen um, wenn du dich traurig oder alleine fühlst?

Traurigkeit und Einsamkeit sind nicht grundsätzlich negativ, auch wenn wir beides gerne nicht hätten. Mit ihnen ist es wie mit allen Gefühlen: Wenn wir sie spüren, sie zulassen und nicht versuchen, sie mit dem Verstand »wegzumachen«, dann werden sie weniger Macht über uns haben und irgendwann in den Hintergrund treten. Das heißt: Fühle deine Gefühle, auch wenn sie dein Verstand nicht immer mag.

39

Hast du zu hohe Ansprüche an einen Partner oder zu geringe? Was ist die Folge davon?

40

Wer oder was ist in deinen Augen verantwortlich dafür, dass du aktuell Single bist? Kannst du selbst die volle Verantwortung dafür übernehmen?

»Es ist nie zu spät,
das zu werden,
was man hätte
sein können.«

GEORGE ELIOT

41

Wen hast du in deiner letzten Beziehung mehr geliebt: dich selbst oder deinen damaligen Partner?

42

Was kann dein zukünftiger Partner von dir lernen? In welchen Bereichen könntest du ihm ein Vorbild sein oder ihm neue Perspektiven schenken?

43

In welchen Momenten in einer Beziehung benötigst du Nähe, wann brauchst du Freiheit? Wie bekommt ein Partner dein Bindungs- beziehungsweise Autonomiebedürfnisse mit?

44

Bei welchen grundlegenden Werten, zum Beispiel Politik, Ernährung oder Religion, wäre es schön, wenn dein Partner ähnliche hätte? Und welche sind unverhandelbar für dich?

45

Lässt du dich zum Eigenschutz, zum Beispiel aus Angst, verlassen oder verletzt zu werden, auf niemanden mehr wirklich ein?

46

Kennst du deine Sprache der Liebe sowie dein wichtigstes Bedürfnis in deinem Leben (6 Human Needs)? Was machen dir die Ergebnisse klar und was davon sollten potenzielle Partner wissen?

Beide Tests kannst du kostenlos auf meiner Webseite durchführen: wielandstolzenburg.de/103-single

47

Welche Kompromisse im alltäglichen Leben einer Beziehung würdest du nicht (mehr) eingehen? Welche wärst du bereit, zu schließen, obwohl sie dir vielleicht schwerfallen?

48

Wenn in deinen vorherigen Beziehungen manches nach gleichem Muster ablief, was hast du bereits daraus gelernt oder gibt es noch etwas, was du noch erkennen oder lernen könntest?

49

Welche Klischees und Vorurteile über Männer und Frauen trägst du (un-)bewusst mit dir? Inwiefern beeinflussen dich diese?

50

Bist du über deine letzte Beziehung hinweg? Wenn nein, ist deine aktuelle Partnersuche nur eine Ablenkung von unangenehmen Gefühlen oder destruktiven Gedanken?

»Wenn du nach Fehlern suchst, benutze einen Spiegel und kein Fernglas.«

51

Wie wichtig ist dir das Äußere deines zukünftigen Partners? Wenn dieser einen tollen Charakter hätte, aber nicht deinen äußeren Ansprüchen entspricht, was dann?

52

Für wie viel Prozent deiner negativen Gefühle, die du in einer Partnerschaft hast, ist deiner Meinung nach der Partner verantwortlich? Wie ist es bei den positiven Gefühlen?

Der Autor John Gray sagte einmal, dass wir für 90 Prozent der Gefühle, die wir in Beziehungen haben, selbst verantwortlich sind und der Partner nur bei 10 Prozent die Ursache ist. Über den exakten Prozentsatz kann man diskutieren, doch die Tendenz stimmt: Welche Gefühle wir haben, liegt vor allem an uns, unserer Lebensgeschichte und unseren Bewältigungsstrategien. Auch wenn es externe Auslöser gibt, ist es immer unsere Reaktion, die zu unseren Gefühlen führt. Wenn dich das Thema interessiert, findest du hier meinen TED-Talk: wielandstolzenburg.de/103-single

53

Wie groß ist deine Angst vor Ablehnung, wenn du einen fremden Menschen ansprichst? Wie könntest du diese überwinden?

54

Welche Verletzungen aus deinem Leben solltest du noch heilen, bevor du in eine neue Beziehung gehst?

55

*Welchen Wert gibst du dir selbst?
Würden enge Freunde dir mehr oder
weniger Wert geben als du dir selbst?*

56

Wenn du bei einem Date deinem Gegenüber nur 3 Fragen stellen dürftest, welche wären es?

57

Klammerst du dich eher an einen Partner oder kämpfst du mehr um deine Freiheit? Was hat dein Verhalten für eine Auswirkung auf einen Partner?

Häufig ist es ja so, dass wir den Gegenspieler in unser Leben ziehen: Je extremer du dich auf der einen Seite befindest, desto extremer sind meist auch die Ausprägung beim Gegenüber – ein bindungsängstlicher Typ trifft also häufig auf einen verlustängstlichen.

58

Was hast du von deiner Mutter gelernt, wie man eine Beziehung führt und wie am besten nicht?

59

Was hast du von deinem Vater gelernt, wie man eine Beziehung führt und wie am besten nicht?

60

Welche 5 Eigenschaften sollte dein zukünftiger Partner nicht haben?

»Konzentriere dich nicht darauf, den richtigen Partner zu finden, versuche, ein guter Partner zu werden.«

61

Bist du bereit, dich für die Zufriedenheit deines Partners zu engagieren, auch wenn von ihm auch eine Weile nichts kommt? Oder wartest du dann darauf, dass dein Partner zuerst etwas in die Beziehung investiert?

62

Was war in vorherigen Beziehungen am schmerzhaftesten für dich? Weißt du, warum du genau diese Art Partner angezogen hast, die diesen Schmerz in dir berührten?

63

Gibt es etwas, wofür du dich schämen würdest oder was dir unangenehm ist, wenn es ein Partner wissen oder herausfinden würde?

64

Was würde sich deiner Meinung nach für dich emotional verändern, wenn du in einer Beziehung wärst?

65

Glaubst du, dass nur Liebe auf den ersten Blick wahre Liebe ist? Oder gilt das auch für ein langsames Kennenlernen ohne das anfängliche Feuerwerk der Gefühle?

66

Was ist deine typische Reaktion, wenn du dich einsam oder alleine fühlst? Lenkst du dich ab, öffnest die Dating-App oder kannst du es aushalten?

Meiner Erfahrung nach ist ein Mix am zielführendsten: sich manchmal abzulenken und manchmal den Gefühlen zu stellen. Eine kleine geführte Meditation, wie du mit unangenehmen Gefühlen umgehen kannst, findest du in einem Video unter wielandstolzenburg.de/103-single

67

Welche deiner Lebensträume hast du bereits erreicht? Welche liegen noch vor dir und warten darauf, erfüllt zu werden?

68

Gibt es etwas, was ein Partner von dir »abbekommt«, was eigentlich nichts mit ihm zu tun hat?

69

Was ist deine größte Stärke im Datingprozess, was fällt dir beim Kennenlernen leicht?

70

Was ist deine größte Angst im Datingprozess? Wie könntest du dich dieser stellen?

»Soviel in dir Liebe wächst, soviel wächst die Schönheit in dir. Denn die Liebe ist die Schönheit der Seele.«

AUGUSTINUS AURELIUS

71

Bezogen auf alle Menschen deines Umfeldes, ob Freunde, Verwandte oder Kollegen: Wie groß ist die Enttäuschung mit Menschen des anderen Geschlechts? Und hat das einen Einfluss auf dein Single- oder Beziehungsleben?

72

Wenn du dein Traummann beziehungsweise deine Traumfrau wärst und dich selbst treffen würdest, was würde du an dir aus der Sicht deines Traumpartners anziehend und attraktiv finden, was weniger?

73

Was vermisst du aktuell in deinem Leben, außer einer Beziehung? Erhoffst du dir, ob unbewusst oder bewusst, dass dein Partner diese Dinge in dein Leben bringt?

74

Wie eifersüchtig bist du und findest du, dein Verhalten ist im Rahmen?

Eifersucht hat nichts mit Liebe und in den meisten Fällen auch nichts mit dem Partner zu tun. Es ist der beste Spiegel, wie gut unser Selbstwert ist und kann eine Motivation darstellen, uns mit unserem Selbstbewusstsein auseinanderzusetzen und daran zu wachsen. In den Fällen, in denen unser Partner wirklich Grenzen überschreitet, sind wir aufgefordert, in Austausch mit ihm zu gehen und gegebenenfalls Grenzen zu setzen oder Konsequenzen zu ziehen.

75

Investierst du – im Verhältnis zu dem, was die Partner in die Beziehungen einbrachten – unangemessen viel? Lässt du dich ausnutzen und wenn ja, warum machst du das?

76

Wie sehr zeigst du deinem Partner nach einer gewissen Zeit dein wahres Selbst, insbesondere auch Schattenseiten von dir? Glaubst du, es ist langfristig besser, diese zu verstecken oder zu zeigen?

77

Welche Vorwürfe hast du als Kind oder Jugendlicher an deinen gegen-geschlechtlichen Elternteil gerichtet?

Häufig sind wir genau bei den Themen sensibel und verletzlich, bei welchen wir Verletzungen mit unserem gegengeschlechtlichen Elternteil erlebt haben. Hat der Vater sich beispielsweise nur wenig für das Leben seiner Tochter interessiert und die Tochter litt darunter, wird sie in einer Beziehung mit hoher Wahrscheinlichkeit sehr sensibel reagieren, wenn ihr Partner sich nicht – nach ihrem Maßstab – ausreichend für sie und ihr Leben interessiert.

78

Stell dir vor, dass das Leben, das Universum oder Gott dich mit Absicht in deine aktuelle Situation gebracht hat. Was könnte der Plan dahinter sein?

79

Was muss ein Partner tun, damit du ihm deine Liebe entziehst?

80

Was waren bisher die Gründe, warum deine Beziehungen zu Ende gegangen sind? Nimmst du die gesamte Verantwortung auf dich, schiebst du sie auf deine Ex-Partner oder betrachtest du es differenziert?

»Irgendwann kommt ein Mensch in dein Leben und zeigt dir, warum es mit allen anderen nicht geklappt hat.«

81

Wenn du viel auf Partnerbörsen suchst oder dich aktiv im Außen auf Partnersuche begibst – wie lang wäre der maximale Zeitraum, den du dir für eine Pause von all dem geben würdest und in der du nichts unternimmst, einen Partner zu finden?

82

Bist du eher jemand, der alles kontrollieren möchte oder jemand, der den Partner alles entscheiden lässt? Was ist die Konsequenz deines Verhaltens für dich und für einen Partner?

83

Hast du den Eindruck, dass du immer an den falschen Partner gerätst? Welches Beziehungsmuster von dir könnte dahinterstehen, falls du immer an den diesen Typ Mensch gelangst?

Alle Menschen suchen sich unbewusst einen Partner aus, der einen an alte Verletzungen oder Entwicklungsaufgaben bringt. Unsere Seele sucht sich Menschen beziehungsweise Situationen aus, die wir bereits kennen, auch wenn sie negativ sind. Zum einen fühlen wir uns sicher, weil uns diese Umstände bereits bekannt sind und zum anderen möchte unsere Seele heilen. Und das kann am besten dann geschehen, wenn wir an diesen Schmerz kommen.
Wenn dich das Thema im Detail interessiert: In meinem Buch »Beziehungsleben« findest du viele Kapitel dazu.

84

Sollten Partner ihre Verletzungen gegenseitig heilen und wann ist in deinen Augen ein Punkt erreicht, bei welchem der andere sich alleine darum kümmern müsste? Gibt es etwas, bei dem du deinem Partner zu viel Verantwortung zuschiebst?

85

Hast du die Befürchtung, dass du niemand mehr findest, zum Beispiel, um noch eine Familie zu gründen, oder weil du denkst, dass du irgendwann zu alt bist, einem passenden Partner zu begegnen?

Meiner Erfahrung nach treffen wir vor allem auf einen passenden Partner, wenn wir aus der Freude heraus eine Beziehung eingehen möchten und nicht aus einer Angst oder aus einem Mangel heraus eine suchen. Da hilft eigentlich nur eins: loslassen und vertrauen.

86

In welchem sozialen Umfeld halten sich potenzielle Partner von dir am ehesten auf? Zum Beispiel im Sportverein, auf Vernissagen oder in einem Chor?

87

Glaubst du, dir fehlt noch etwas, damit sich jemand in dich verlieben kann? Wenn ja, was ist es und würden das andere Menschen ebenfalls so sehen?

88

Inwieweit kannst du dich in einer Beziehung wirklich fallenlassen und vertrauen? Wenn du da noch Wachstumspotenzial siehst, wie kannst du diesem Ziel näher kommen?

89

Wenn du eine Beziehung suchst, könnte das auch ein Ausweichen sein, um dich nicht mit dir selbst, dem Alleinsein oder anderen Herausforderungen auseinandersetzen zu müssen?

90

Ergänze den Satz »Ich bin Single, weil ich … bin« mit einigen Aspekten. Sind diese Aussagen wirklich alle wahr oder sind auch Glaubenssätze darunter, die du loslassen könntest?

»Rückschläge sind Vorschläge für einen besseren Weg.«

91

Angenommen, dein Leben wäre mit einem Partner nur anders, aber in Summe nicht glücklicher, würdest du dann trotzdem eine Beziehung eingehen?

92

Was würde dein letzter Partner einem zukünftigen Partner von dir an Positivem über dich berichten?

93

Machst du dir selbst Druck, bald einen Partner zu finden? Und was würde sich in deinem Leben ändern, wenn du aufhören würdest, nach einem Partner zu suchen?

94

Wenn du dich entweder zwischen einem untreuen oder einem unattraktiven Partner entscheiden müsstest, wen würdest du wählen? Und würdest du eher einen sehr klammernden oder einen sehr freiheitsliebenden Partner vorziehen?

95

Wie würdest du dein Selbstbewusstsein beschreiben? In welchen Bereichen ist es stark, in welchen weniger?

96

Hast du einen Glauben, eine Religion? Wie wäre es für dich, wenn dein Partner einen anderen Glauben oder gar kein Interesse daran hätte?

97

Wenn potenzielle Partner dein komplettes bisheriges Leben sehen würden, was würde sie am meisten beeindrucken und was am meisten erschrecken?

98

Was möchtest du dir selbst in deinem Leben noch ermöglichen und schenken?

99

Wie wichtig ist es dir, dass du mit der Familie eines zukünftigen Partners gut auskommst und er mit deiner?

100

Welches gemeinsame Ziel mit einem Partner wäre das wichtigste für dich?

101

Wie sieht der perfekte Sonntag mit deinem zukünftigen Partner aus?

102

Was ist das Wichtigste, was du durch die Auseinandersetzung mit den Fragen gelernt oder erkannt hast?

103

Was möchtest du, ausgehend von den Fragen, machen oder dir vornehmen? Und wie könnte dein nächster Schritt sein, der dich deinem Ziel näherbringt?

»Wer Liebe sucht, findet sie nicht, sie überfällt uns, wenn wir sie am wenigsten erwarten.«

Abschluss

Glückwunsch, dass du es bis hierher geschafft hast! Das war hoffentlich eine interessante, spannende und manchmal wohl auch emotionale Reise durch die unterschiedlichen Bereiche deines Lebens und deiner Beziehungsthemen. Ich hoffe, dass du hilfreiche Erkenntnisse gewinnen konntest, über dich, dein Singleleben, deine Beziehungsmuster, deine Hoffnungen und Träume. Selbst, wenn du noch nicht auf alles eine Antwort hast und wohl in der kurzen Zeit noch keine feste Partnerschaft eingegangen bist, werden die neuen Gedanken in deinem Bewusstsein und Unterbewusstsein wirken und dich weiterbringen.

Du hast dieses Buch gelesen und durchgearbeitet, weil du dir Veränderungen in deinem Leben wünschst. Wie ausgeprägt dieser Wunsch ist und ob du einen Leidensdruck verspürst, weiß ich nicht. Was ich jedoch in meiner Arbeit gelernt und erfahren habe: Egal wie groß der Wunsch nach Veränderung ist – diese beginnt immer erst dann, wenn wir den aktuellen Zustand angenommen haben, in diesem Fall, dass du aktuell Single bist. Das würde bedeuten, den inneren Druck und Widerstand abzulegen und zu akzeptieren, dass es zurzeit eben genau so ist, wie es ist. Und sich daran zu erinnern, dass in der langfristigen Perspektive alles Sinn macht.

Wenn ich auf mein Leben zurückblicke, dann gab es auch schwere Momente oder Lebensphasen, welche ich damals am liebsten schnell hinter mir gelassen hätte. Doch – und das kennst du sicherlich auch – all das hatte seine Gründe. Diese habe ich manchmal erst Jahre später erkannt und war in der Rückschau dankbar für die Herausforderung und den damit resultierenden persönlichen

Entwicklungen. Gerade in den herausfordernden Phasen wachsen wir am meisten, weil wir dann die Bereitschaft haben, uns selbst nochmals anders kennenzulernen und uns mit Themen auseinandersetzen, denen wir sonst eher ausweichen. So bereiten wir uns in diesen Zeiten immer auf einen großen Sprung vor und manchmal braucht es Zeit, bis wir genügend Anlauf genommen haben.

Stell dir vor, dass sich dein zukünftiger Partner gerade getrennt hat und noch Zeit braucht, sich auf eine neue Beziehung einzulassen – und du lernst ihn in einigen Monaten kennen. Oder dein zukünftiger Partner wird sich erst dann in dich verlieben, wenn du zufriedener mit deinem eigenen Leben bist und weniger fokussiert auf eine Beziehung. Das sind nur zwei kleine Beispiele, warum unser Wunsch manchmal schneller als die Realität ist und doch alles seine Richtigkeit hat – wir es vielleicht nur noch nicht sehen können.

Ich wünsche dir demnach, dass du das Vertrauen in dich und die Welt hast, dass alles seinen Sinn hat und du dir keinen Druck und Stress machst. Wir alle sind immer genau an dem Platz im Leben, an dem wir sein sollen. Dazu gibt es übrigens ein wunderschönes kleines Buch. Es heißt »Vertraue und lass alles los«, geschrieben von der Zen-Meisterin Daehaeng.

Ich danke dir, dass du dieses Fragebuch von mir gelesen hast. Nun wünsche ich dir alles Gute und dass der Partner in dein Leben kommt, der dich in deiner Einzigartigkeit wertschätzt und mit dir zusammenleben und wachsen möchte.

Dein Wieland Stolzenburg

Danke & Geschenk

Danken möchte ich allen Menschen, die ich in meiner Arbeit begleiten durfte. Durch diese Begegnungen habe ich unglaublich viel über das Leben, die Gründe und Herausforderungen von Singles gelernt – und wie es gelingen kann, einen passenden Partner in sein Leben zu ziehen und eine glückliche Beziehung zu führen. Zudem möchte ich mich bei Carolin, Christoph, Clarissa, Claudia, Emily, Iris, Iris, Lena, Marianne, Nanette und Ute bedanken, die mir sehr wertvolles Feedback zu den Fragen gegeben haben.

Möchtest du mir einen Gefallen tun? Als selbstständiger Autor habe ich keinen Verlag, der sich um die Platzierung im Buchhandel oder die Vermarktung der Bücher kümmert. Daher sind Bewertungen für mich der beste Weg, damit meine Bücher mehr Menschen erreichen. Wenn du das unterstützen möchtest, freue ich mich sehr über eine ehrliche Bewertung auf Amazon. Vielen Dank! Ebenso freue ich mich über persönliche Nachrichten oder Feedback zum Buch.

Zum Abschluss möchte ich dir noch eine Kleinigkeit schenken. Du kannst diese auf meiner Website herunterladen: wielandstolzenburg.de/103-single

- Das Kapitel »Nimm dich selbst so wichtig, dass die Welt etwas von dir hat« aus meinem Buch »Beziehungsleben«.

- 10 Bonus-Fragen für alle, die noch nie eine Beziehung hatten.

Weitere Bücher

»Beziehungsleben. Wie du die Lösung für eine erfüllende Partnerschaft in dir findest« Ein Beziehungsratgeber für Paare und Singles, der aufzeigt, warum wir die Lösung für Herausforderungen in Partnerschaften ausschließlich in uns selbst finden können. Dieses Buch richtet sich an alle, die sich und ihre Beziehungsmuster besser verstehen und selbst etwas zu deren Veränderung beitragen möchten, mit dem Ziel, Beziehungen neu zu gestalten: zufriedener, erfüllter und harmonischer.

- Erschienen 2018 als Buch und E-Book
- Umfang: 150 Seiten
- ISBN: 9783746024240

»Beziehungsglücklich: 27 Tipps für eine erfüllende Partnerschaft« Dieser Beziehungsratgeber für Paare hilft dir und euch dabei, die Herausforderungen von Beziehungskrisen zu verstehen und Lösungen dafür zu finden. Die 27 Aspekte einer glücklichen Beziehung begleiten euch zurück in eine glückliche, zugewandte und harmonische Beziehung. Mit psychologischem Hintergrundwissen, wertvollen Frage- und Hilfestellungen, Erkenntnissen aus der Wissenschaft und bewährten Übungen aus der Praxis.

- Erschienen 2019 als Buch und E-Book
- Umfang: 127 Seiten
- ISBN: 9781080675074

Auszug weiterer Bücher

- »Mein Konsumtagebuch: Besser leben durch bewussten Konsum« von Jana Kaspar & Wieland Stolzenburg (2019, 272 Seiten, ISBN: 9783831205554)
- »Männer verstehen für Dummies« (2015, 334 Seiten, ISBN: 9783527712106)
- »Trennung überwinden. Der Weg vom Liebeskummer zur Lebensfreude« (2019, 236 Seiten, ISBN: 9783748173212)
- »Liebeskummer heilen. Dein persönlicher Begleiter durch die ersten 100 Tage nach der Trennung« (2019, 304 Seiten, ISBN: 9783831205608)

Alle weiteren Bücher und auch viele andere Themen der Serie *»103 Fragen für...«* findest du auf meiner Website wielandstolzenburg.de/buecher

Printed in Poland
by Amazon Fulfillment
Poland Sp. z o.o., Wrocław

71570766R00072